CONQUISTE SUA APOSENTADORIA SUSTENTÁVEL!

REINALDO DOMINGOS

dsop editora

Autor: PhD Reinaldo Domingos
Coordenadora editorial: Laila Mascarenhas
Editora de texto: Catarina Arimatéia
Editora de arte: Marisa Corazza
Colaboração editorial: Ana Rosa Vilches
Revisoras: Ana Paula Felippe e Luzia Rodrigues

dsop editora

Rua Alba, 88 - Parque Jabaquara
São Paulo - SP - Brasil - CEP: 04346-000
www.editoradsop.com.br

Dados Internacionais de Catalogação na Publicação (CIP)
(Câmara Brasileira do Livro, SP, Brasil)

Domingos, Reinaldo
Conquiste sua aposentadoria sustentável! / Reinaldo Domingos. -- São Paulo : Editora DSOP, 2024.

ISBN 978-85-8276-658-3

1. Aposentadoria - Planejamento 2. Carreira profissional - Administração 3. Dinheiro - Administração 4. Finanças pessoais 5. Investimentos 6. Qualidade de vida I. Título.

24-208056 CDD-332.02401

Índices para catálogo sistemático:

1. Aposentadoria : Planejamento : Economia 332.02401

Cibele Maria Dias - Bibliotecária - CRB-8/9427

FOTO DE CAPA: IRYNA BUDANOVA/SHUTTERSTOCK

SUMÁRIO

APRESENTAÇÃO

SE VOCÊ SE APOSENTASSE HOJE, CONSEGUIRIA MANTER SEU PADRÃO DE VIDA ATUAL?

Esta é uma pergunta que todos nós deveríamos fazer em algum momento de nossa vida, mas não é o que costuma acontecer. Como para muitas pessoas a aposentadoria ainda parece distante, a tendência é não se preocupar com essa questão tão sensível, que no futuro poderá afetar tanto o bem-estar de quem se aposenta quanto o de pessoas próximas.

Um dos maiores enganos é não pensar que um dia a vida profissional termina ou, pelo menos, desacelera sensivelmente, acarretando uma perda de ganhos que poderá afetar até a própria sobrevivência.
É o momento em que muitos idosos vão morar com filhos ou, no caso de não tê-los, com alguém da família que nem sempre está preparado financeira e psicologicamente para recebê-los.
Entretanto, é possível construir um futuro com qualidade de vida e tranquilidade. E não é difícil: ensinamos neste livro como garantir uma aposentadoria digna.

Aprender a poupar, investir na carreira, aderir a um plano de previdência privada e traçar caminhos para garantir a independência financeira devem estar entre as suas prioridades a partir de agora.

Venha conosco e saiba mais!

FUTURO TRANQUILO

E SE VOCÊ VIVER ATÉ OS 100 ANOS?

Você sabia que nos últimos 50 anos a expectativa de vida do brasileiro aumentou mais de 25 anos? Isso significa que, em meio século, a expectativa de vida passou de 48 para 76,2 anos. Consequentemente, a participação da população idosa, ou seja, com mais de 60 anos, aumentou na vida econômica do país.

Não há dúvidas de que essa evolução é uma boa notícia. Afinal, quem não deseja ter uma vida longa e com saúde? O problema está em equilibrar esse cenário com a cultura de descaso com o amanhã, muito comum na população brasileira.

A maioria das pessoas está acostumada a pensar apenas no momento presente. As pessoas são, geralmente, imediatistas, ávidas por viver de modo intenso o dia de hoje e aproveitar o agora. Por isso não querem ou não conseguem se programar para viver o futuro com qualidade e estabilidade financeira.

Além disso, há o fato de que, para muitas pessoas, consumir é um prazer que deve ser realizado imediatamente, como se não houvesse amanhã, agravando ainda mais a situação. A lógica dessas pessoas é que elas devem aproveitar o hoje, afinal não sabem quanto tempo de vida terão. "E se não estivermos aqui amanhã? O jeito é satisfazer nossos desejos já", elas pensam.

E se ocorrer o contrário? E se você e sua família estiverem destinados a viver até os 100 anos? Mesmo que hoje sua situação seja confortável, já parou para pensar se terá condições de manter seu atual padrão de vida até o final de sua existência? Se já pensou nisso e está se preparando para ter uma boa saúde financeira na velhice, parabéns! Você faz parte de um pequeno grupo capaz de se estruturar e conservar a saúde financeira no futuro. Se você ainda não pensou nisso ou não começou a preparar suas finanças para quando estiver na velhice, talvez não consiga manter no futuro o mesmo padrão de vida que leva hoje. Essa é a realidade de diversas famílias brasileiras que, para encontrarem formas de poupar parte dos ganhos atuais para garantir um futuro tranquilo e enfrentar possíveis imprevistos, precisam mudar de comportamento.

A situação é séria! É comum encontrarmos aposentados que dependem de parentes para se sustentar ou, ainda, que são obrigados a continuar trabalhando para sobreviver.

Você e sua família devem conhecer alguém nessa situação, quando não são vocês mesmos que vivem dessa maneira.

Estima-se que a população com mais de 45 anos esteja aumentando. Por um lado, a convivência entre gerações é saudável, pois uma sempre pode aprender com a outra. Se o contingente de idosos não vive de forma financeira saudável, no entanto, os problemas podem ficar bem críticos.

No Brasil, muitos idosos têm dificuldade para dar conta sozinhos de tarefas simples, como tomar banho, usar o banheiro e até comer. Se essa já é uma constatação triste, a situação tende a ficar ainda mais grave justamente com a constante ampliação da expectativa de vida.

Por isso, quem deseja um futuro diferente dessa realidade tem de começar a mudança agora. Como? Poupando e adotando o hábito de guardar parte do que ganha antes de sucumbir ao desejo de sair comprando tudo o que vê pela frente.

Uma forma de fazer isso é anotar todos os gastos, dos maiores aos mais simples, como a compra de um café ou de uma bala. Se isso for feito diariamente por um ou dois meses, considerando todos os gastos, você e sua família conseguirão responder a uma pergunta muito simples: "Para onde vai o nosso dinheiro?".

Veja, a seguir, qual é a melhor maneira de poupar, além de conhecer outras formas que podem ser adotadas a partir de agora para garantir financeiramente um futuro tranquilo.

APRENDA A POUPAR

Mesmo quem acredita que ganha pouco pode descobrir que há espaço para poupar. Não é preciso grande sacrifício para isso. Evite almoçar fora de casa, por exemplo. Se morar perto de seu trabalho, programe seus horários de forma que consiga fazer as refeições em casa. Além de ser mais econômica, essa solução pode ser mais saudável.

Caso a distância entre trabalho e casa torne a adoção dessa ideia inviável, procure levar o almoço ou um lanche de casa, em embalagens próprias para serem aquecidas. Muitas empresas mantêm à disposição dos funcionários uma copa ou cozinha equipada com micro-ondas, refrigerador e utensílios.

Antes de começar essa mudança de hábito, calcule a economia que ela pode proporcionar: estime seu gasto diário com almoço em restaurantes e lanchonetes e multiplique pelos dias de trabalho na semana e depois no mês. Compare esse gasto com o preço das refeições feitas em casa e perceberá a diferença.

A mesma lógica vale para os fins de semana. Evite sair para almoçar ou jantar fora apenas por comodismo ou preguiça de cozinhar. Prepare um lanche, leve-o a um parque e transforme o almoço de domingo, por exemplo, em um piquenique em família. Jantar com os amigos também é um programa que, além de prazeroso, pode ser econômico: reúnam-se na casa de alguém, onde cada um pode levar um prato e uma bebida. Todos ficarão à vontade e se divertirão gastando pouco.

Lembre-se de evitar desperdícios: nunca compre mais do que é capaz de consumir. Além disso, aproveite ao máximo os alimentos, pois, com criatividade, sobras podem ser transformadas em novos e deliciosos pratos.

Outra boa solução é ter em casa vasos com ervas aromáticas. Você tempera suas receitas com folhas frescas, enfeita a casa e ainda reduz alguns itens da lista de compras. O mesmo vale para a água potável: em vez de comprá-la engarrafada, adquira um filtro. Se você tem o hábito de carregar consigo uma garrafa de água, mantenha sempre a mesma embalagem, enchendo-a em casa antes de sair.

Com relação às compras, fique atento a promoções nos supermercados e hipermercados. Pesquise os preços dos itens que deseja comprar e confira as ofertas. Mas contenha-se. Afinal, não é porque o preço é atraente que o produto deve ser comprado. Avalie a real necessidade e o prazo de validade para se certificar de que esse item será consumido antes de estragar.

Muitos estabelecimentos mantêm programas especiais de relacionamento para clientes em que é possível acumular pontos e trocar por brindes ou descontos em produtos. Informe-se sobre promoções nos locais onde costuma fazer compras e, se não houver, passe a consumir em estabelecimentos que ofereçam vantagens.

Independentemente do local das compras, procure sempre levar uma lista com os itens que foram anotados no decorrer da semana. Isso evita que você compre além do necessário e gaste mais do que o programado. Mesmo com a lista, compare preços e opte por marcas de qualidade e mais acessíveis. Nas farmácias, é possível optar, sempre que possível, por medicamentos genéricos.

Reduzir os gastos recorrentes também faz diferença no orçamento familiar. Assim, não deixe luzes acesas nos cômodos que não estiverem sendo usados; tome banhos rápidos; ligue a máquina de lavar louça ou roupa somente quando estiverem com sua capacidade máxima de lotação; feche a torneira enquanto escova os dentes; e avalie se é mesmo necessário ter uma linha de celular e outra de telefone fixo.

Além disso, sempre que possível, deixe o carro em casa e utilize o transporte público ou adote a carona solidária para ir ao trabalho e levar os filhos à escola. Reduza também a quantidade de cartões de crédito, que são um chamariz para o consumo: mantenha apenas um, para emergências, e procure deixá-lo em casa o máximo que você puder.

Dedicar-se à cultura também pode custar menos se você usar a criatividade. Se gosta de ler, ouvir música e assistir a filmes, em vez de comprar livros ou baixar da internet conteúdo pago, frequente bibliotecas ou peça emprestado (e empreste) a seus amigos. Em sebos, é possível encontrar produtos a um preço bem mais atrativo do que em livrarias e *megastores*. Outra boa pedida é conferir a programação cultural da cidade e verificar as atrações gratuitas ou disponíveis a preços populares. Parques, praças, feiras de artesanato e outros espaços públicos costumam ser palco de *shows* e peças teatrais nos fins de semana. A internet pode ajudá-lo a encontrar a agenda cultural da cidade e de cidades vizinhas.

Com todas essas orientações, você e sua família podem começar a construir financeiramente, aos poucos, uma aposentadoria sustentável. Lembre-se de que poupar é uma das formas de assegurar um futuro tranquilo.

INVISTA EM SUA CARREIRA

Sua condição de vida quando se aposentar pode depender também da forma como você encara sua carreira profissional e se comporta no mercado de trabalho. O ideal é não ficar desempregado, pois quanto mais lacunas houver em sua carteira de trabalho, mais pode demorar para você se aposentar e receber os benefícios da Previdência Social. Para quem é autônomo, a ideia é a mesma: nunca deixar de contribuir com o Instituto Nacional do Seguro Social (INSS). E fique atento às mudanças já realizadas pelo governo federal sobre o funcionamento da aposentadoria.

Se for possível, permanecer por mais tempo registrado no mesmo emprego também é recomendável para ampliar as verbas trabalhistas. Assim, antes de ficar pulando de emprego em emprego, avalie se a mudança realmente vale a pena, considerando não apenas o salário, mas também outros gastos relacionados a transporte, alimentação etc.

Hoje em dia, muitas empresas oferecem a seus colaboradores um leque de benefícios que inclui planos de previdência privada, em que a empresa e os empregados contribuem mensalmente. Se estiver empregado em uma empresa que dispõe do benefício, não deixe de participar. E se tiver a chance de mudar de emprego, considere esse benefício para tomar sua decisão. Se receber uma proposta e houver espaço para negociar, condicione sua ida à oferta de um plano previdenciário.

O empenho para garantir uma aposentadoria satisfatória passa ainda por receber bons salários. Isso exige planejamento na carreira. Programe-se para aproveitar as oportunidades, candidatando-se a vagas internas e, principalmente, mantendo-se atualizado quanto às novas técnicas da profissão, sejam quais forem.

Contribuir para a construção de um futuro com mais tranquilidade, evitar o desperdício e poupar são formas saudáveis de viver o presente. Isso porque ninguém está livre de um imprevisto, de contas adicionais que podem aparecer de surpresa.

Não ter reservas para arcar com os imprevistos resulta em dor de cabeça, desespero e, muitas vezes, grandes crises familiares.

Reflita como você lida com sua carreira, com suas finanças, com sua vida e a da sua família. Se, ao final, concluir que vive uma situação equilibrada, em que consegue gastar menos do que ganha e tem condições de fazer uma reserva (ou seja, poupar), ótimo!

Você está no caminho certo para usufruir de um futuro confortável. Se chegar a um diagnóstico de desorganização, falta de planejamento e instabilidade profissional, no entanto, está na hora de fazer uma autocrítica. Peça ajuda a familiares ou amigos para reorganizar suas finanças; mude os hábitos e se empenhe para aprender a poupar.

Compartilhar os planos e as conquistas diárias com a família pode ser uma forma de incentivo. Em geral, quando as pessoas traçam objetivos em conjunto, uma não deixa a outra desanimar, pois unindo esforços fica mais fácil realizar sonhos.

PLANO ESTRATÉGICO

BUSQUE SUA INDEPENDÊNCIA

Programe-se para guardar, mensalmente, 10% de seus rendimentos. Esse percentual é a semente do sonho da independência financeira. Por isso, a organização das finanças deve ser uma prioridade.

Se você já faz isso, ou seja, reserva parte da sua renda mensal para a construção do futuro, mesmo que de forma não sistemática, está em situação melhor do que a maioria das pessoas. Se não faz, precisa rever seu comportamento com urgência, pois se a expectativa de vida continuar aumentando, as chances de você viver muitos anos são reais. E como será o seu futuro?

Pense nessas questões, reflita sobre quantos anos ainda tem pela frente para lidar com o dinheiro. Perceba que ainda há tempo suficiente para escrever uma nova história. É preciso perseverança e disciplina para fazer isso.

Cuidar da questão financeira é tão importante quanto cuidar da preservação do planeta. Da mesma forma, é preciso refletir e agir agora, respeitando o meio ambiente, para não comprometer a qualidade de vida das gerações futuras. Faz-se necessário também conscientizar-se sobre como preservar a capacidade de se sustentar ao longo da vida.

As consequências de cuidar de idosos que não se estruturaram para garantir o futuro podem ser desastrosas para as famílias. Em muitos casos, a responsabilidade pelo cuidado pessoal (dar banho, escovar os dentes, trocar a roupa, alimentar) e/ou financeiro de um parente idoso muitas vezes é atribuída a uma única pessoa. Para fazer isso, a pessoa responsável pode ter de deixar de lado a própria vida.

Muitas famílias buscam suprir essa necessidade agravada pelo fato de hoje serem menores, ou seja, há menos pessoas disponíveis para cuidar do idoso. Algumas acabam optando por clínicas especializadas.

Duas preocupações, no entanto, envolvem a alternativa de abrigar o idoso em uma instituição. A primeira delas é se certificar de que o lugar é mesmo eficiente e adequado, que o interno receberá o tratamento e os cuidados de que necessita e que não sofrerá negligência ou maus-tratos. A segunda é arcar com o preço dessa estadia, que pode ser bastante elevado. Nesse caso, voltamos à questão original: a falta de planejamento financeiro pode dificultar uma assistência digna na velhice.

Cientes do aumento da expectativa de vida da população, os governos e o mercado têm ampliado as verbas direcionadas ao lazer, aos cuidados, à saúde e ao bem-estar de idosos, porém apenas de idosos ativos. Clubes recreativos, salões de dança, academias e parques são os espaços onde eles podem se exercitar, caminhar, passear, ler ou descansar. No entanto, faltam alternativas para as pessoas com dificuldade de locomoção e com doenças degenerativas, que exigem acompanhamento médico e nutricional.

CALCULE SEU FUTURO

Quando são questionadas sobre o valor que têm guardado para garantir um futuro tranquilo, muitas pessoas argumentam que, embora não possuam uma reserva em espécie, contam com um patrimônio importante, formado por casa, carro ou terreno. De fato, são ótimas conquistas que representam o resultado de empenho e determinação ao longo da vida. Mas é preciso lembrar-se de que casa própria e veículo são bens que não rendem dinheiro. Ao menos, não imediatamente. Um carro e uma casa contribuem e muito para a qualidade de vida de uma família, mas é preciso gastar dinheiro com impostos e manutenções.

É importante, portanto, ter consciência de que só o dinheiro poupado pode, de fato, ser considerado um investimento de liquidez, ou seja, de que você pode dispor imediatamente, logo que precisar. Só ele é capaz de conduzir você à independência financeira, rendendo juros que garantam a manutenção de seu atual padrão de vida. Ainda que você viva até os 100 anos.

Todas essas ponderações podem ser materializadas com cálculos simples. Veja, a seguir, uma simulação para uma pessoa com 30 anos de idade, que pretende se aposentar aos 60 anos e tem hoje um rendimento mensal de R$ 1.800,00.

Vamos supor que ela guarde R$ 300,00 por mês. Atualizando o valor poupado mensalmente em 5% ao ano (que é mais ou menos equivalente à inflação) e investindo em caderneta de poupança, com juros de 0,65% ao mês, o resultado seria:

Idade de aposentadoria	60
Ganho mensal	R$ 1.800,00
Valor inicial depositado mensalmente	R$ 300,00
Acréscimo (anual) ao valor depositado (Inflação)	5%
Rendimento mensal da aplicação	0,65%
Valor total poupado aos 60 anos	R$ 561.600,00
Rendimento mensal	**R$ 3.650,40**

Confira, a seguir, o cálculo ano a ano:

ANO	TOTAL APLICADO	TOTAL APLICADO + RENDIMENTO
1º ano	3.600,00	3.731,53
2º ano	3.780,00	7.951,33
3º ano	3.969,00	12.708,20
4º ano	4.167,45	18.055,37
5º ano	4.375,82	24.050,84
6º ano	4.594,61	30.757,83
7º ano	4.824,34	38.245,20
8º ano	5.065,56	46.587,96
9º ano	5.318,84	55.867,75
10º ano	5.584,78	66.173,48
11º ano	5.564,02	77.601,86
12º ano	6.157,22	90.258,14
13º ano	6.465,08	104.256,78
14º ano	6.788,34	119.722,28
15º ano	7.127,75	136.789,98
16º ano	7.484,14	155.607,00
17º ano	7.858,35	176.333,26
18º ano	8.251,27	199.142,51
19º ano	8.663,83	224.223,51
20º ano	9.097,02	251.781,33
21º ano	9.551,87	282.038,66
22º ano	10.029,47	315.237,34
23º ano	10.530,94	351.639,91
24º ano	11.057,49	391.531,42
25º ano	11.610,36	435.221,21
26º ano	12.190,88	483.045,05

27º ano	12.800,42	535.367,25
28º ano	13.440,44	592.583,09
29º ano	14.112,46	655.121,40
30º ano	14.818,09	723.447,33
Total geral		**723.447,33**

De acordo com a simulação, a pessoa ultrapassaria o valor necessário para conquistar sua independência financeira por volta dos 58 anos. A conta é simples. Para chegar a esse resultado, é preciso ter disciplina e perseverança ao abrir mão, mensalmente, de parte dos rendimentos.

Ainda segundo a simulação, o valor a ser acumulado é de R$ 561.600,00 para que a pessoa possa obter um rendimento mensal de R$ 3.650,00, ou seja, o dobro do ganho atual. Dessa forma, manteria o padrão de vida de hoje, no valor de R$ 1.800,00, e teria uma sobra para continuar a capitalizar com a diferença entre os juros recebidos e o que gasta com a manutenção do padrão de vida.

BENEFICIE SEUS FILHOS

Algumas instituições financeiras oferecem produtos voltados especialmente para garantir o futuro dos filhos. Esses planos de previdência privada são contas com rendimentos semelhantes aos da poupança, em que os pais podem depositar um valor mensal desde o nascimento da criança. Assim, quando for adulta, poderá sacar o valor poupado para arcar com seus estudos ou dar continuidade aos depósitos feitos pelos pais, mantendo a reserva para garantir um futuro tranquilo na aposentadoria.

Nesse tipo de investimento, é importante respeitar a metodologia em relação à quantidade e à periodicidade do depósito. O ideal é que ele seja mensal e que o valor seja um mínimo fixo, garantindo o controle constante de gastos e orçamento doméstico para assegurá-lo.

Alguns hábitos também podem ajudar a poupar. Um deles é comprar um cofrinho assim que a criança nascer e mantê-lo em casa para receber todas as moedas que se acumulam na carteira ou na bolsa. Pode parecer bobagem, mas o valor somado ao final de cada mês pode surpreender e fazer diferença no montante a ser depositado na conta dos pequenos. Além do mais, o hábito é divertido, desafiador e pode ajudar os pais a ensinar às crianças o valor do dinheiro e a importância de não desperdiçá-lo quando se compra por impulso e sem necessidade.

De tempos em tempos, o cofrinho deve ser esvaziado e

o dinheiro deve ser depositado em uma aplicação, como a poupança. Quando o saldo da conta atingir cerca de R$ 3.000,00, converse com seu gerente do banco sobre a possibilidade de transferir o valor para um fundo de renda fixa, que em geral rende mais.

Faça o mesmo quando o valor no fundo de renda fixa atingir R$ 10.000,00, ou seja, avalie transferir a aplicação para o tesouro direto ou para a previdência privada. Ao mesmo tempo, continue poupando, enchendo o cofrinho e transferindo as aplicações, sempre após consultar não somente o gerente de sua conta, mas também pesquisar em pelo menos três outras instituições financeiras (bancos e seguradoras), observando os rendimentos, as taxas e os riscos de cada modalidade.

Mesmo com as mudanças ocorridas ao longo do tempo, a caderneta de poupança ainda traz vantagens, como a facilidade de aplicar qualquer quantia em qualquer época, além da liquidez imediata.

O rendimento da poupança é em média 4,55% ao ano, o que geralmente tem sido inferior à inflação. O retorno, isto é, a rentabilidade do dinheiro aplicado, costuma ser menor do que a da maioria dos fundos, mas sobre a poupança não incidem impostos nem taxa de administração. Além do mais, em caso de problemas com a instituição financeira que administra a poupança, o Fundo Garantidor de Crédito (FGC), entidade do governo, assegura as aplicações até determinado valor.

Por essas características, a poupança é a modalidade mais indicada para quem não gosta de correr riscos e não tem grandes somas para investir. A orientação para os investidores, no entanto, é não sacar o dinheiro antes da chamada data de aniversário da conta, ou seja, o recomendado é esperar ao menos um mês para resgatar a aplicação, pois é em cada aniversário mensal que acontece o rendimento do valor investido.

Os fundos de renda fixa, apesar de serem considerados uma aplicação conservadora, não estão livres de riscos e não garantem rendimento fixo. A rentabilidade depende da composição do fundo, mas, em geral, é maior do que a oferecida pela poupança. O problema, porém, é que nessa modalidade é preciso arcar com a taxa de administração, que acaba consumindo parte dos ganhos e, dependendo do valor aplicado, às vezes torna o fundo menos vantajoso do que a poupança, pois, quanto menor o volume aplicado, maior costuma ser a taxa de administração cobrada pelos bancos. Além disso, o rendimento está sujeito ao recolhimento de Imposto de Renda, o que acaba fazendo com que a modalidade não seja indicada para pessoas com menos de R$ 3.000,00 disponíveis para investir.

Seja qual for a aplicação escolhida por você, o importante é pensar no futuro: seu, de sua família e de seus filhos. Em alguns países, essa preocupação é levada tão a sério que os governos abrem uma espécie de conta-poupança para cada recém-nascido e depositam nela um valor inicial, que os pais podem continuar complementando com depósitos adicionais até os filhos completarem 18 anos. Uma das ideias dos governos que adotam a medida é justamente criar entre os mais jovens o hábito de poupar desde cedo.

É preciso ter em mente que poupar não é apenas evitar gastar o dinheiro que sobra. Até porque, para algumas pessoas, não há sobra. Por isso, é bom fixar um objetivo mensal, mesmo que o valor seja pequeno, e incluir esse item no orçamento. Lembre-se de que, para cumprir esse objetivo, frequentemente será necessário deixar de consumir algum item.

Procure não sofrer com essa mudança de hábito. Recorde as dezenas de vezes que desejou muito fazer uma compra, sacrificou-se para isso e, no final, a satisfação nem foi tão grande assim. Em muitos casos, o bem tão sonhado acaba se revelando um trambolho sem utilidade, que passa a ocupar espaço em casa e juntar poeira, como aquela bicicleta ergométrica que acaba se transformando em cabide, ou a lavadora de louça que gasta tanta energia elétrica que passa a servir de armário e apoio para uma infinidade de objetos de cozinha.

Mesmo guardando dinheiro para uma aposentadoria sustentável, é importante não se esquecer de que é preciso também viver o hoje. Reúna a família, converse sobre sonhos de curto prazo (até um ano), de médio prazo (até dez anos) e de longo prazo (acima de dez anos), este último podendo ser o sonho da aposentadoria tranquila. Os investimentos devem estar alinhados ao tempo para realização dos sonhos. Por exemplo:

Curto prazo: caderneta de poupança

Médio prazo: Certificado de Depósito Bancário (CDB), fundo de renda fixa, tesouro direto

Longo prazo: previdência privada, tesouro direto, ações

*Para aplicações de médio e longo prazos, é preciso pesquisar informações em grandes instituições (seguradoras e bancos), conversando com especialistas (gerentes de investimentos e corretores de valores).

**Para investir em ações, é necessário compreender que se trata de um investimento de risco. Comprar ações é o mesmo que comprar parte de uma empresa, e caso ela "quebre", você poderá perder todo o dinheiro.

APOSENTADORIA NA PRÁTICA

PLANEJE SUA RESERVA

Lembre-se de que, para construir a independência financeira no futuro, você deve reter 10% do que ganha. Ao começar a poupar e fazer dessa prática um hábito, você certamente perceberá que o percentual é insuficiente. Esse pensamento ocorre porque o valor talvez não seja adequado para que você mantenha o padrão de vida com o qual está acostumado. Assim, se quiser atravessar a terceira idade com qualidade de vida, deve considerar seriamente a possibilidade de contratar um plano de previdência privada ou fazer um investimento semelhante.

Ao contrário do que muita gente acredita, o desconto do INSS não é um vilão que reduz os rendimentos mensais. Ele é, sim, uma poupança compulsória criada e administrada pelo Governo Federal que, mesmo com suas deficiências, tem sido a única opção de rendimento da maioria da população aposentada. Afinal, é a Previdência Social que garante a sobrevivência de milhões de cidadãos que passaram grande parte da vida trabalhando e contribuindo para a criação de riquezas para o país.

Por isso, avalie o teto máximo do INSS, ou seja, o limite máximo de valor que poderá receber ao se aposentar, e siga essa lógica: se hoje você tiver atualmente uma remuneração maior, certamente precisará complementar essa aposentadoria, caso deseje manter o padrão de vida atual.

O problema admitido pelos especialistas do setor de previdência privada é que, apesar dos avanços, o hábito de poupar não é tão comum no Brasil como em outras partes do mundo. Conforme dados do Fundo Monetário Internacional (FMI), de 2019, entre dez países sul-americanos, o Brasil ocupou o nono lugar no *ranking* de poupança, acima apenas da Venezuela. A estimativa de poupança para o Brasil foi de 14,6% do Produto Interno Bruto (PIB), muito abaixo de Equador, Paraguai e Peru, com porcentuais entre 20,3% e 24,7%; do Chile, com 19,5%; e também de Colômbia, Bolívia, Argentina e Uruguai, com porcentuais entre 15,2% e 17,2%. Para a Venezuela, a estimativa é de 13,1% do PIB.

PROGRAME A ADESÃO A UM PLANO

Existem vários planos de previdência privada (também chamada de previdência complementar) disponíveis no mercado. Assim, se houver possibilidade, não deixe de contratar um deles. Peça informações ao gerente de seu banco, pesquise na internet, converse com amigos, familiares ou vizinhos que já têm plano, avalie o tipo de contrato que mais se adapta à sua realidade e às suas necessidades futuras.

Acesse também *sites* de seguradoras e instituições financeiras e confira as condições oferecidas, pois muitas delas não cobram taxa de carregamento – incidente na previdência privada –, assim como taxa de administração. Ambas as taxas podem ser negociadas com os bancos e as seguradoras. O ideal é que a taxa de administração não seja superior a 1% do valor investido.

Se for possível, faça ainda um seguro de vida ou um seguro capitalizado, ou seja, que alie o seguro à capitalização em dinheiro. Dessa forma, em caso de morte ou invalidez, sua família poderá manter o padrão de vida planejado e não sofrerá uma ruptura financeira em um momento difícil de perda. Porém, é preciso ter atenção na hora da contratação, pois o seguro de vida é um contrato feito com muito planejamento, no qual o titular tem direito ao valor do prêmio ideal, necessário para cobrir e manter um padrão de vida já consolidado. Isso inclui todas as fases futuras da vida familiar, como estudo dos filhos ou a perda de trabalho por parte do titular e provedor da família. Para isso, é necessário descobrir qual é o valor capaz de garantir um rendimento mensal – em forma de juros –, de preferência o dobro do equivalente ao padrão de vida atual.

O mais adequado é usar como parâmetro o cálculo apresentado na página 23 para a aposentadoria. Assim, em caso de sinistro, isto é, de ocorrência de dano ou perda, o prêmio do seguro será equivalente ao valor que terá de ser guardado para manter o padrão de vida da família.

Outra recomendação é fazer somente o seguro de vida do provedor principal, ou seja, o responsável por proporcionar a maior parte da renda familiar. Como complemento, é aconselhável ter ainda uma reserva financeira estratégica para cobrir eventuais gastos não previstos, sem precisar mexer nos valores poupados para a independência financeira familiar.

Se a partir de todas essas informações você resolver contratar um plano, independentemente da modalidade, é importante responder às seguintes questões em relação a seu futuro:

✓ No que depender de mim, em que situação financeira viverão meus filhos e netos?

✓ Como estará minha vida financeira no futuro?

✓ Terei conquistado, em termos materiais, tudo o que almejo? Essas conquistas serão suficientes para que eu tenha uma vida tranquila?

✓ Entre as conquistas estará a aposentadoria sustentável?

✓ Contarei com uma reserva para possíveis imprevistos?

✓ Possuo um plano de assistência médica que me garantirá segurança no futuro?

ENTENDA A PREVIDÊNCIA PRIVADA

A previdência privada é um tipo de aplicação como qualquer outra que traz como benefício para o trabalhador uma renda complementar. Trata-se de uma aposentadoria contratada, cujos valores depositados são aplicados pela seguradora ou por outra instituição responsável pelo plano. O que muita gente não sabe é que, no Brasil, existem dois tipos de previdência privada: a aberta e a fechada. A previdência privada aberta pode ser contratada por pessoa física e por pessoa jurídica; a previdência privada fechada pode ser contratada apenas por trabalhadores vinculados a uma organização, e a contribuição é feita tanto pelo funcionário quanto pela empresa, em valores proporcionais.

Nas duas, o funcionamento é o mesmo: a pessoa investe mensalmente um valor durante o tempo em que está trabalhando, que varia conforme sua renda e seu planejamento. O saldo, ou seja, a quantia acumulada, pode ser retirado de uma só vez ou recebido mensalmente, em forma de pensão ou aposentadoria tradicional.

Todas as instituições que trabalham com planos de previdência privada aberta são fiscalizadas pela Superintendência de Seguros Privados (Susep), órgão do Ministério da Economia, em cujo site (www.susep.gov.br) é possível fazer cálculos e consultas.

As Entidades Fechadas de Previdência Complementar (EFPC), conhecidas também como fundos de pensão, são instituições sem fins lucrativos que mantêm e administram planos coletivos de previdência. Eles são permitidos apenas a funcionários de empresas privadas e a servidores da União, dos estados, do Distrito Federal e dos municípios, chamados patrocinadores. As empresas, entidades representativas e órgãos de classe são chamados instituidores.

Os planos de benefício de previdência complementar são divididos em três tipos, de acordo com o contrato, que podem envolver entidades abertas ou fechadas. Veja, a seguir, a diferença básica entre os planos e peça mais informações a respeito com o corretor ou agente com quem negociará o contrato.

- **Plano de Benefício Definido:** garante um benefício de aposentadoria definido pelo participante ao contratar o plano, ou seja, no momento da adesão é fixado o valor de acordo com o tempo de serviço ou do salário médio recebido. É uma espécie de poupança previdenciária solidária. Nessa modalidade, a contribuição varia conforme uma série de fatores.

- **Plano de Contribuição Definido:** também assegura um benefício de aposentadoria, mas o valor não é determinado no regulamento e dependerá da contabilização das contribuições. Nesse caso, a fórmula que será aplicada no cálculo das contribuições é estabelecida na contratação do plano.

- **Plano de Contribuição Variável:** também conhecido como plano misto, combina critérios das duas outras modalidades: de benefício definido e de contribuição definida.

No universo da previdência privada existem ainda duas siglas das quais você já deve ter ouvido falar: PGBL, que significa Plano Gerador de Benefício Livre, e VGBL, cujo significado é Vida Gerador de Benefício Livre.

Os dois são planos de previdência que permitem acumular ganhos por tempo predeterminado. A diferença entre eles é a forma como seus participantes são tributados. No PGBL, é possível deduzir o valor das contribuições da base de cálculo do Imposto de Renda até o limite de 12% de sua renda bruta anual. Isso significa que você poderá diminuir o valor do imposto a ser pago ou aumentar sua restituição. Por exemplo: se você tem um rendimento bruto anual de R$ 30.000,00 (o equivalente a R$ 2.500,00 por mês), poderá declarar ao fisco R$ 26.400,00.

O Imposto de Renda sobre os R$ 3.600,00 restantes (12%) aplicados em PGBL só será pago quando você resgatar o dinheiro. Essa modalidade é vantajosa, no entanto, apenas para quem faz a declaração de Imposto de Renda pelo formulário completo e é tributado na fonte.

No VGBL, a tributação ocorre somente sobre o ganho das aplicações. É indicado para quem faz a declaração simplificada do Imposto de Renda ou não é tributado na fonte, como os autônomos. Também é mais recomendado para pessoas que pretendem aplicar mais de 12% do ganho bruto em previdência.

DESCANSO MERECIDO

TODO CUIDADO É POUCO

Ao contratar um plano de previdência privada, você precisa ter em mente que esse investimento é de longo prazo. Isso significa que é necessário um planejamento cuidadoso, além de bastante critério na definição do valor a ser destinado mensalmente – para que sua aplicação não comprometa o orçamento familiar – e na estimativa do montante que será recebido ao final do período de contribuição.

Tão importante quanto esses cuidados é confiar na instituição financeira com a qual se pretende fechar contrato. Ela deve ser sólida e transparente. Assim, para garantir a segurança de sua aplicação, você deve pesquisar e conferir sua credibilidade no mercado, seu patrimônio, notícias relacionadas na imprensa e, se possível, conversar com alguém que já seja cliente da instituição.

A transparência que a instituição deve ter no relacionamento com os clientes significa, por exemplo, se dispor a divulgar seus resultados com regularidade e de forma simples, para que os clientes possam acompanhar a situação de seu plano (rentabilidade, alterações etc.).

Além disso, os ganhos devem ser administrados de maneira eficiente. Para assegurar que isso esteja sendo feito, observe as rentabilidades registradas nos últimos anos e compare-as com as de outros planos e instituições. Verifique os fundos oferecidos, os índices pelos quais as contribuições foram atualizadas e outros itens importantes para a preservação de seu dinheiro.

As taxas cobradas (de carregamento, de administração e de saída do fundo) também devem ser motivo de comparação e negociação. Há instituições que podem isentar o cliente de algumas cobranças para conquistá-lo.

Outro foco de atenção deve ser a reversão de excedente financeiro, ou seja, a diferença entre o indicador adotado pela instituição e a rentabilidade resultante da aplicação das reservas para benefícios do plano previdenciário. A reversão ocorre no momento em que uma parte desse excedente é destinada ao investidor.

É fundamental ler atentamente o regulamento do plano e, acima de tudo, escolher o mais adequado a seu perfil. Para fazer isso, é preciso identificar seu projeto futuro: financiar os estudos dos filhos, fazer uma viagem inesquecível ou manter o atual padrão de vida após a aposentadoria?

Tendo definido seu projeto futuro, identifique a melhor modalidade de acordo com seu padrão como contribuinte – PGBL ou VGBL – e calcule quanto do seu orçamento atual pode ser destinado à manutenção do plano. Adote as precauções e os cuidados necessários para garantir um futuro vitorioso.

Várias instituições financeiras mantêm, em seus *sites*, simuladores que possibilitam verificar, de acordo com a idade e o valor das contribuições mensais, de quanto seria o benefício à época do resgate. Lembre-se de que, ao consultar as instituições, você poderá fazer a portabilidade do plano de previdência para outra instituição sem qualquer gasto.

De acordo com um desses simuladores, uma pessoa de 30 anos que passasse a contribuir hoje com um valor de R$ 350,00 para a previdência e declarasse Imposto de Renda pelo formulário simplificado, acumularia em 35 anos, em um plano VGBL com rentabilidade média, R$ 740.226,94 – montante que ela poderia contar a partir da aposentadoria.

Faça algumas simulações. No *site* de algumas instituições também é possível projetar os ganhos de filhos recém-nascidos. Visualizando o valor que teria acumulado ao se aposentar, você pode se animar a fazer contribuições superiores – medida que pode levá-lo à reeducação financeira e ao equilíbrio.

LIVRE-SE DOS EQUÍVOCOS

A falta de hábito de poupar e a cultura do imediatismo e do consumismo acabam resultando em entendimentos equivocados sobre o funcionamento da previdência privada. Muita gente ainda acredita que é preciso ter muito dinheiro para adquirir um plano, pensamento que não condiz com a realidade. Existem produtos no mercado que possibilitam contribuições inferiores a R$ 100,00 por mês, por exemplo.

Depois de iniciados, muitos planos também permitem que as contribuições sejam feitas a qualquer momento, ou seja, com as sobras dos rendimentos ou com ganhos extras – como o 13o salário –, é possível engordar a poupança para o futuro.

Da mesma forma, é um mito a ideia de que os planos de previdência são indicados apenas a determinado perfil de renda ou classe social. Há produtos disponíveis para todos os perfis. Mais equivocada ainda é a ideia de que os jovens não devem se preocupar com a aposentadoria, pois ainda têm muito tempo pela frente. Isso porque, como já observamos, quanto mais cedo se começa a poupar, menos dinheiro terá de ser destinado por mês. Caso o jovem queira elevar sua contribuição mensal, quanto antes começar, maior será o volume de ganhos acumulados para a aposentadoria.

Outro erro é achar que pessoas um pouco mais velhas já não têm mais tempo para adquirir um plano de previdência privada. Pessoas que já passaram dos 40, 45 anos, por exemplo, devem se lembrar de que têm pela frente mais 15 ou 20 anos de trabalho e de contribuição até a aposentadoria. Além disso, como mostram várias pesquisas, estamos vivendo mais. Por isso, mesmo que se comece um pouco mais tarde, ainda há tempo de garantir tranquilidade na terceira idade.

Para os participantes de planos de previdência, é sempre importante ter, paralelamente à contribuição, um seguro de vida que garanta outros benefícios, como proteção contra morte e/ou invalidez.

USUFRUA COM SEGURANÇA

Com todas essas ponderações, é esperado que, independentemente da idade, você ao menos passe a refletir um pouco mais sobre seu futuro e como vai viver e se manter com qualidade após o encerramento da vida profissional.

Como você viu, não há grandes dificuldades nesse desafio. Basta ter determinação e organização para controlar os gastos e evitar o consumo por impulso. A lógica é simples: não gastar mais do que ganha. Assim, com equilíbrio, é possível poupar para garantir uma reserva financeira suficiente para proporcionar um futuro tranquilo.

É importante que você destine mensalmente 10% de seu rendimento exclusivamente à construção do seu futuro. Deve-se ter em mente que esse dinheiro não pode estar disponível para ser usado no caso de uma emergência, ou, pior ainda, na realização de algum capricho.

De acordo com os ensinamentos da **Metodologia DSOP** de Educação Financeira, é preciso guardar dinheiro para três tipos de sonhos: de curto, médio e longo prazos. Temos que viver sempre realizando desejos e sonhos, por isso, não se deve guardar apenas para a aposentadoria. Lembre-se de que também é importante planejar a carreira e conduzi-la de forma sólida e estável, pois a permanência por mais tempo em uma mesma empresa, assim como obter promoções e aumentos de salários, têm impactos importantes na aposentadoria.

Além disso, dedicar-se aos estudos e ao aperfeiçoamento profissional para conseguir uma vaga em uma empresa grande e sólida em geral significa usufruir de benefícios que farão diferença no futuro, pois podem ajudá-lo a poupar, como auxílio-refeição, assistência médica e odontológica e auxílio-creche.

Se no leque de benefícios oferecidos pela empresa constar um plano de previdência privada, melhor ainda. É fundamental aderir a ele e contribuir mensalmente para a manutenção do padrão de vida depois que parar de trabalhar.

Assim como acontece com a carreira, é possível começar agora mesmo a planejar sua vida financeira depois da aposentadoria. Os cálculos são simples, como você viu nos exemplos. Se encontrar dificuldade em fazer sua projeção, acesse o *site* de uma seguradora ou empresa de previdência privada e simule a aposentadoria de acordo com suas possibilidades. Aderindo ou não a alguns dos planos disponíveis, você poderá ao menos verificar a quantia mensal necessária para garantir um rendimento satisfatório depois que encerrar sua vida profissional. Os *sites* de empresas especializadas permitem ainda fazer simulações para seus filhos, ou seja, você pode simular uma poupança até para recém-nascidos, que poderão continuar engordando o saldo após completarem 18 anos e, assim, enfrentar a velhice com menos dificuldades.

As regras da previdência privada não são complicadas. Informe-se sobre elas, peça orientações a conhecidos e ao gerente do banco em que mantém conta e entenda as diferenças entre os planos, assim como entre as aplicações financeiras.

É importante fazer o dinheiro render e o cofrinho do futuro engordar. Só com uma reserva, você poderá usufruir com tranquilidade do merecido descanso após os anos de trabalho. E mais: poderá aproveitar o tempo livre para viajar, reunir-se com os amigos, cuidar da saúde e experimentar a sensação de dever cumprido.

A terceira idade é o momento em que o ser humano acumula conhecimentos e sabedoria. Todas as fases da vida trazem benefícios. O benefício da época da aposentadoria é poder aproveitar a vida sem preocupações.

O Autor

Reinaldo Domingos

Pioneiro na área de Educação Financeira no Brasil e criador de uma metodologia que já ajudou milhares de pessoas a retomar as rédeas de sua vida financeira, o PhD Reinaldo Domingos nasceu em uma pequena cidade do interior de São Paulo, Casa Branca, e foi lá que deu os primeiros passos de sua vida profissional. Primeiro, como auxiliar de camelô – queria conseguir dinheiro para comprar uma bicicleta –, depois, como técnico em Contabilidade.

Mas seus sonhos ultrapassavam os limites da pequena cidade. Já em São Paulo, cursou Contabilidade, dessa vez como ensino superior. Quatro anos depois, abriu sua própria empresa na área, a Confirp, e a seguir uma empresa de contabilidade digital.

Tudo ia muito bem, mas a mente inquieta e curiosa de Reinaldo Domingos, que na época já era referência na área financeira, queria mais. Decidido a compartilhar suas experiências com o público, escreveu o livro *Terapia financeira*, *best-seller* com milhões de exemplares vendidos, em que apresentou a **Metodologia DSOP**, baseada em quatro pilares: Diagnosticar, Sonhar, Orçar e Poupar. Esse livro foi o primeiro de uma longa série sobre Educação Financeira, tanto para o público adulto quanto para crianças e adolescentes.

Entre as obras publicadas, estão as coleções: Sonhos, Diversão, Educação Financeira, Menino do Dinheiro e Turma do Nico, com destaque para *Diário dos sonhos* (PNLD 2022) e *Menino do Dinheiro em cordel* (PNLD 2018). É coautor de *Juventude Plural; projeto de vida* (PNLD 2021), autor de *Meu pet cabe no meu bolso* e também de uma coleção com os personagens da Turma da Mônica, em parceria com Mauricio de Sousa. Em seu portfólio, constam ainda obras para o segmento internacional, como *School Camp*, *The Camp*, *Journal of Dreams* e a série Money Boy.

Uma vida dedicada à Educação Financeira: de Casa Branca, quando conquistou a primeira bicicleta com seu trabalho, para além das fronteiras do país.

www.dsop.com.br

ANOTAÇÕES

dsop
editora